A data da Ressurreição
domingo, 3 de abril de 33

Madeleine et les saintes femmes au tombeau.
Pintura de James Tissot (1836-1902).

Décio Martins de Medeiros
São Paulo – Brasil – 2020

Informações bibliográficas:
Autor: Décio Martins de Medeiros.
Título: A data da Ressurreição.
Subtítulo: domingo, 3 de abril de 33.
Local, Ano: São Paulo-Brasil, 2020.
Páginas: 76 páginas tamanho 6"x9".
Ilustrações de James Tissot (1836-1902)
Assuntos: 1.Cristianismo 2.História

Sumário

A data da Ressurreição: domingo, 3 de abril de 33

Ilustrações de James Tissot (1836-1902)

A capa é a pintura retratando Maria Madalena e as mulheres na primeira visita ao túmulo de Cristo na manhã da ressurreição.[1]

Outras pinturas de James Tissot podem ser encontradas em vários museus e galerias.[2]

---

[1] https://www.brooklynmuseum.org/opencollection/objects/13518

[2] https://www.brooklynmuseum.org/opencollection/artists/142/objects
https://www.metmuseum.org/art/collection/search#!/search?artist=Tissot,%20James$James%20Tissot
https://www.globalgallery.com/product/T/James_Tissot/

Caro leitor, depois de escrever os livros 'Momentos de Fé no Redentor'; 'Assim como aconteceu com Cristo'; 'Um anjo removeu a pedra' e 'Ano Zero – Natal Um', resolvi escrever o livro 'A data da Ressurreição'.

O livro **Momentos de fé no Cristo Redentor** [3] é uma coletânea de artigos cristãos.
Cito alguns dos artigos:
Cada pessoa é única, original e irrepetível.
Uma Antropologia Cristã: a pessoa integral, corpo e alma integrados.
A dimensão espiritual da vida.
A Humanidade e a Divindade.
Deus é fonte E caminho E corrente de Amor Infinito.
Vítima de Deus ou Agente de Deus?
Com Deus pela mente e pelo coração.
Revelação divina, filosofia humana, doutrina de teólogos.
A realização das profecias bíblicas.
Quem eram os chamados irmãos de Jesus citados na Bíblia?
Onde, na Bíblia, Jesus é chamado Deus?
O Evangelho para os cientistas.

---

[3] https://www.agbook.com.br/book/328618--Momentos_de_Fe_no_Redentor

Fundamentos Bíblicos para a crença na Ressurreição da Pessoa.
O perdão gratuito de Deus.
O corpo ressurreto.
Jesus de Nazaré e as crenças.

Assim como aconteceu com Cristo [4] é um livro de estudos bíblicos e teológicos sobre a fé cristã de que, assim como aconteceu com Cristo, nossos corpos serão transformados em imortais.

O apóstolo Paulo revela: - "... está determinado que os homens morram uma só vez".[5] - "... todos seremos transformados, num momento, num abrir e fechar de olhos, ...os mortos serão ressuscitados incorruptíveis"[6].

O destino de todas as pessoas é a ressurreição, isto é, ressurgir da morte em sua própria pessoa, de corpo e alma integrados. Foi essa grande notícia que nos trouxe Jesus Cristo, o Divino Filho, o único que veio do Céu para nos revelar este Evangelho, palavra que significa boa notícia.

As pessoas sobrevivem à morte e continuam com seus próprios corpos e almas integrados. Essa é a grande notícia, o Evangelho, de Jesus Cristo, proclamado pelo apóstolo Paulo e pelos evangelistas João, Mateus, Lucas, Marcos.

---

[4] https://www.agbook.com.br/book/333406--Assim_como_aconteceu_com_Cristo
[5] Hb 9,27
[6] 1Cor 15,51-52

Jesus afirma que os mortos ressuscitam[7], como também Moisés indicou na passagem da sarça, quando diz: o Senhor Deus de Abraão, Deus de Isaac e Deus de Jacó. Deus não é Deus de mortos, mas sim de vivos.

O apóstolo Paulo afirma que Cristo, o divino filho encarnado[8], foi a primeira pessoa a ressurgir dos mortos e viver para sempre e que assim como Cristo todas as pessoas receberão a vida eterna[9]. Paulo também explica que as pessoas quando morrem deixam para trás seu corpo de matéria terrestre que é transformado, em um piscar de olhos, em seu corpo de matéria celeste[10].

O livro **Um anjo removeu a pedra** [11] é um estudo dos registros bíblicos que descrevem o que fizeram as primeiras mulheres que foram ao túmulo, os guardas, os discípulos, as autoridades judaicas, as autoridades romanas. Depois que constataram que o corpo não estava no túmulo, aceitaram que Jesus Cristo ressurgiu da morte de corpo e alma, pois apareceu para mais de 500 pessoas. Algumas pessoas o tocaram, comeram com ele, conversaram.

Um anjo removeu a pedra que fechava o túmulo para que as testemunhas da ressurreição entrassem no

---

[7] Lc 20,37-38
[8] Jo 1,18
[9] 1Cor 15,20-22
[10] 1Cor 15,35-53
[11] https://www.agbook.com.br/book/339515--Um_anjo_removeu_a_pedra

túmulo de Cristo e vissem que ele não estava lá, tinha ressuscitado! Deus encarnado foi o primeiro da raça humana a vencer a morte.

O livro **Ano Zero – Natal Um** [12] satisfaz algumas curiosidades sobre nosso calendário e sobre alguns eventos que marcaram o inicio da contagem dos anos.

Nosso calendário, chamado Gregoriano, tem ano zero? Em dezembro do ano zero Cristo completou quantos anos de vida? E Herodes, já tinha morrido antes do ano zero como afirmam alguns historiadores? Como comprovar que nosso calendário está correto?

O livro comprova a validade do calendário atual com base em uma pesquisa cronológica inédita feita em 2016 quando a partir do calendário solar revelado pelos manuscritos de Qumran foi possível comprovar o sincronismo com outros 6 eventos sendo 1 anual, 2 pontuais e 3 milenares: astronômico em março, histórico em 70 DC, bíblico em 2 AC, festas cristãs em junho e dezembro e cerimonia judaica da circuncisão!

A narrativa é ficcional mas a pesquisa cronológica é verdadeira. A narrativa conta, de forma leve e agradável, a aventura de Aline, Enrico e Júlia, alunos do ensino médio, que com a ajuda do orientador Gaspen realizam com sucesso sua missão de apresentar, na conclusão do ano letivo, os resultados de sua pesquisa que comprova que, ao final do ano zero do calendário atual, Cristo completava um ano de

---

[12] https://www.agbook.com.br/book/343731--Ano_Zero__Natal_Um

idade. Tiveram o suporte fundamental do pesquisador João Carlos que desvendou o caminho das pedras.

Depois que o livro Ano Zero – Natal Um comprovou que nosso calendário atual, Gregoriano, está correto e que Jesus nasceu em 25 de dezembro de 1AC, este livro vai comprovar **A data da Ressurreição** de Cristo no domingo, 3 de abril de 33DC, com pouco mais de 33 anos de idade. Este livro é sobre o evento deste domingo após a lua cheia seguinte ao equinócio de março. Evento precedido por eclipse lunar, acompanhado por terremoto, e com registros bíblicos e históricos, além da tradição milenar das celebrações da sexta-feira da crucificação e do domingo da ressurreição.

Todas as datas mencionadas são do calendário Gregoriano, a menos que indicado outro calendário.

A data da Ressurreição: domingo, 3 de abril de 33

Conversão de calendários

O tema calendários, por si só é bem extenso. Para o próposito deste livro basta conhecer a conversão entre os calendários Gregoriano, Juliano, Hebreu, Romano.

O calendário Gregoriano tem ano zero, mas o calendário Juliano não tem ano zero.

O ano zero Gregoriano é o ano menos um, também referido como 1 A.C., do calendário Juliano.

Para a conversão de datas entre os calendários Hebreu, Juliano, Gregoriano, Dia Juliano, consulte o site http://www.fourmilab.ch/documents/calendar/

Anno Periodi Juliani é igual a Dia Juliano dividido por 365,25

1 AUC inicia em 21/04/-753(Gregoriano) e termina em 20/04/-752(Gregoriano)
754 AUC inicia em 21/04/0(Gregoriano) e termina em 20/04/1(Gregoriano)

Calendário da época, com as fases da lua, veja em http://www.paulcarlisle.net/mooncalendar/

Outros sites que apresentam as fases lunares:

https://webspace.science.uu.nl/~gent0113/easter/easter_text2a.htm

https://www.moongiant.com/calendar/april/2025/

http://astropixels.com/ephemeris/phasescat/phases2001.html

https://eclipse.gsfc.nasa.gov/SKYCAL/SKYCAL.html

Para consultar AUC x Anos Julianos x Cônsules X Olimpíadas x Vencedores das corridas, Veja em https://sites.google.com/site/legadosdeconhecimento/cronologia/auc-ano-juliano-consuls-olimpiadas-vencedores

Cronologia da vida de Cristo

Nascimento de Cristo – pintura de James Tissot

Este estudo cronologico da vida de Cristo começa no evento em que o sacerdote judeu Zacharias, quando estava de serviço no Templo de Jerusalém, ficou sabendo que seria pai de João Batista. O último evento deste estudo cronologico é o 20º ano de reinado de Tiberius Caesar.

Com base em manuscritos de Qumran e com o registro histórico da destruição do Templo em agosto de 70, foi possível fixar o evento de Zacharias em setembro de 2AC, e a partir daí confirmar o nascimento de Cristo em dezembro de 1AC.

Outras informações históricas, biblicas e astronomicas permitem construir a cronologia até a ressurreição em 3 de abril de 33.

Alguns historiadores erraram a data de morte de Herodes I, considerando como 4AC, e assim criaram a confusão na cronologia de Cristo.

Felizmente estudos posteriores corrigiram este engano e confirmaram em 1DC a data de morte de Herodes.

Nesta cronologia utilizo as seguinte siglas:
AC=Antes de Cristo.
DC=Depois de Cristo.
G=calendário Gregoriano.
J=calendário Juliano.
H=calendário Hebreu.
AUC=calendário Romano.

AUC:752 de 21/04/2AC G a 20/04/1AC G

G: 21/setembro/2AC
J: 23/setembro/3AC
H: 14/Tishri/3759
Zacharias recebe anúncio da concepção de João Batista enquanto celebrava no Templo, no turno de serviço da classe de Abias. [13] [14]

G: 03/fevereiro/1AC
J: 05/fevereiro/2AC
H: 01/Adar/3759
Augustus Caesar recebe o título de Pater Patriae.
Na Res Gestae Part V Item 35, composta pelo próprio Augustus, ele escreveu, "Enquanto eu estava administrando munha décima terceira consuladoria o Senado e a Ordem Equestre e todos os Romanos me deram o título de Pai da Pátria..." [15]

---

[13] Lucas 1,5; Lucas 1,8; Lucas 1,11; Lucas 1,13; Lucas 1,23.
[14] https://play.google.com/store/books/details?id=nSYEEAAAQBAJ
[15]
http://penelope.uchicago.edu/Thayer/E/Roman/Texts/Augustus/Res_Gestae/6*.html

A data da Ressurreição: domingo, 3 de abril de 33

G: 23/março/1AC
J: 25/março/2AC
H: 20/Nisan/3759
Maria recebe anúncio da concepção de Jesus Cristo, seis meses desde o anúncio da concepção de João Batista. [16]

AUC:753 de 21/04/1AC G a 20/04/0 G

G: 10/maio/1AC
J: 12/maio/2AC
H: 09/Sivan/3759
Augustus Caesar inaugura o Forum Augustum, e a dedicação do Forum e do Templo de Marte , ocorre em 01/agosto/2AC do calendário Juliano. [17] [18] [19]

---

[16] Lucas 1,25; Lucas 1,31; Lucas 1,36

[17] C. Velleius Paterculus, The Roman History, Loeb Classical Library 1924. livro 2, capitulo 100, item 2

[18] Cassius Dio, livro LV item 10; livro LX item 5.3

[19] H. Jordan, Topographie der Stadt Rom in Altertum. Vol. I, Parts I, 2; Vol. II. Berlin 1871 1885, pag.444

G: 15/junho/1AC
J: 17/junho/2AC
H: 15/Tammuz/3759
Estrela de Belém: Em 10 de agosto de 2AC do calendário Gregoriano os dois mais brilhantes planetas do Sistema Solar, Venus e Jupiter, se aproximaram um do outro, com apenas 4,3 arcosegundo de separação, que pareciam quase se tocar. Dez meses mais tarde, em 15 de junho de 1AC novamente Venus e Jupiter se aproximaram, com apenas 0,5 arcosegundo de separação, de forma que, a olho nu, eles pareciam uma única "estrela". (Bidelman 1991) A "Estrela" apareceu duas vezes: em 10 de agosto de 2 AC antes dos Magos partirem e em 15 de junho de 1AC quando eles chegaram. [20] Em 17/junho/2AC do calendário Juliano teve Lua Cheia.[21]

G: 22/junho/1AC
J: 24/junho/2AC
H: 22/Tammuz/3759
João Batista nasce, nove meses depois do anúncio à Zacharias.

Quirinius era governador da Síria em 3 AC, 2 AC , 6 DC ,7 DC , anos do calendário Juliano. [22]

---

[20] http://ed5015.tripod.com/BChristmasStar81.html

[21] http://www.paulcarlisle.net/mooncalendar/

[22] James A. Nollet, Astronomical and Historical Evidence for Dating the Nativity in 2 BC, em Perspectives on Science and Christian Faith, Volume 64, Number 4, December 2012 , pages 211-219

Quirino realiza seu primeiro censo. [23]
Quintus Aemilius Secundus deixa um registro
mencionando um censo de Quirino:
"Q[uintus] Aemilius Secundus f[ilho] de Q[uintus], da
tribo Palatina, que serviu nos acampamentos do divino
Aug[ustus] sob P. Sulpicius Quirinius, legado de Caesar
na Syria, condecorado com distinções honorárias,
prefeito da 1ª coorte Aug[usta], prefeito da coorte II
Classica. Além disso, por ordem de Quirinius eu fiz o
censo na Apamea de cidadãos machos 117 mil. Além
disso, enviado em missão por Quirinius, contra os
Itureans, no Monte Libano eu tomei sua cidadela. E
antes do serviço militar, (eu fui) Prefeito dos
trabalhadores, destacado por dois co[nsul]s no
'aerarium [O Tesouro do Estado]'. .." [24]

Maria , grávida, e José subiram à Belém, na Judéia
para alistarem-se, e assim atenderem ao decreto que
tinha sido publicado por Augustus Caesar convocando
a população do império para recensear-se/registrar-se.
[25]

6000 judeus se recusam a jurar lealdade a Augustus
Caesar, um ano antes de Herodes morrer. [26]

---

[23] Lucas 2,2
[24] livro Inscriptiones latinae selectae de Hermann Dessau, publicado
em 1892, no item 2683
https://archive.org/details/inscriptioneslat01dessuoft
[25] Lucas 2,1-11
[26] Flavius Josephus, Antiquities of the Jews, Livro 17, Capitulo 2,
Seção 4

G: 25/dezembro/1AC
J: 27/dezembro/2AC
H: 01/Shevat/3760
Jesus Cristo nasce, nove meses depois do anúncio à Maria. [27]

G: 01/janeiro/0
J: 03/janeiro/1AC
H:08/Shevat/3760
Cristo recebe o nome de Jesus durante a cerimônia religiosa judaica de circuncisão no oitavo dia do nascimento. [28] [29] Inicio do ano zero do calendário Gregoriano. [30]

G: 02/fevereiro/0
J: 04/fevereiro/1AC
H: 10/Adar I/3760
Jesus foi levado a Jerusalém, depois de se completarem os quarenta dias de purificação de Maria. [31]

G: 23/março/0
J: 25/março/1AC

---

[27] https://play.google.com/store/books/details?id=nSYEEAAAQBAJ
[28] Levítico 12,3
[29] Lucas 2,21
[30] http://www.cs.tau.ac.il/~nachum/calendar-book/third-edition/
[31] Lucas 2,22

A data da Ressurreição: domingo, 3 de abril de 33

H: 01/Nisan/3760
Herodes termina seu 36º ano de reinado e começa
seu 37º ano de reinado.

AUC: 754 de 21/04/0G a 20/04/1G

G:21/abril/0
J:23/abril/1AC
H:30/Nisan/3760
Roma completa 753 anos desde sua fundação em
21/abril/-753 (calendario Gregoriano) . Inicio do ano
754 AUC , desde 21/abril/0 até 20/abril/1 do
calendário Gregoriano.

G: 25/dezembro/0
J: 27/dezembro/1AC
H:11/Tevet/3761
Jesus Cristo completa 1 ano de idade. Confira a comprovação no livro Ano Zero – Natal Um. [32]

G: 27/dezembro/0
J: 29/dezembro/1AC
H:15/Tevet/3761
Lua Cheia tem eclipse visível em Jerusalém às 17:02 horas com 53% da totalidade. [33] [34] [35] [36]

G: 30/dezembro/0
J: 01/janeiro/1
H: 16/Teveth/3761
Caius/Gaius Julius Caesar se tornou um dos dois consuls do imperio Romano, começando seu termo em 1 de janeiro de 1 do calendário Juliano. [37]
Flavius Josephus afirma que Caius/Gaius Caesar estava em Roma após a morte de Herodes. [38]

---

[32] https://play.google.com/store/books/details?id=nSYEEAAAQBAJ

[33] https://eclipse.gsfc.nasa.gov/LEcat5/LE-0099-0000.html#1

[34] James A. Nollet, Astronomical and Historical Evidence for Dating the Nativity in 2 BC, em Perspectives on Science and Christian Faith, Volume 64, Number 4, December 2012 , pages 211-219

[35] Theodor vol Oppolzer, Canon of Eclipses, suplementado por Jean Meeus, Catalogue of Lunar Eclipses.

[36] http://www.paulcarlisle.net/mooncalendar/

[37] https://en.wikipedia.org/wiki/List_of_Roman_consuls#1st_century_BC

[38] Flavius Josephus- Antiquities of the Jews. Livro 17, capitulo 9, paragrafo 5.

G: 01/janeiro/1
J: 03/janeiro/1
H:18/Tevet/3761
Inicio do ano 1 do calendário Gregoriano.
Calendário Gregoriano tem ano zero mas calendário
Juliano não tem ano zero. [39]
Varus era governador da Síria em 5 AC, 4 AC, 1 AC, 1
DC , anos do calendário Juliano. [40]

G: 30/dezembro/0 a 26/março/1
J : 01/janeiro/1 a 29/março/1
H:15/Tevet/3761 a 15/Nisan/3761
Herodes,o Grande, tem seus últimos dias de vida:
A doença de Herodes fica pior. [41]
Ele é levado para fazer tratamento com banhos
quentes a 15k de distancia e retornar. [42]
Herodes planejou o próprio funeral. [43]
Herod convocou homens importantes de cada vila, até
130 km de distancia, e eles vieram. [44]

---

[39] http://www.cs.tau.ac.il/~nachum/calendar-book/third-edition/

[40] James A. Nollet, Astronomical and Historical Evidence for Dating the Nativity in 2 BC, em Perspectives on Science and Christian Faith, Volume 64, Number 4, December 2012 , pages 211-219

[41] Flavius Josephus - Wars I 33:1,5

[42] Flavius Josephus - Wars I 33:5-6; Antiquities XVII 6:5

[43] Flavius Josephus - Wars I 33:6

[44] Flavius Josephus - Antiquities XVII 6:5

Antipater, um dos filhos de Herodes, é executado e Herodes morre cinco dias mais tarde. [45]

G: 14/janeiro/1
J :16/janeiro/1
H:02/Shevat/3761
Feriado Judeu comemora a morte de Herodes no segundo dia de Shevat. [46] [47] [48] [49]
O corpo de Herodes foi levado por 35km de Jericho a Herodium por soldados que caminhavam uma milha por dia, e então foi enterrado. [50]
Seguiram-se sete dias de luto e depois um banquete. [51]

Outro luto publico foi realizado por altuns patriotas antes da eclipse. [52]
Archelaus, um dos filhos de Herodes, é coroado e emite alguns decretos antes da Páscoa. [53]

G: 13/março/1

---

[45] Flavius Josephus - Wars I 33:7-8; Antiquities XVII 7;8:1
[46] http://www.setterfield.org/star_technical.html
[47] Codex Judaica – Chronological Index of Jewish History – Zichron Press – New York – 2005 pag 132
[48] The Jewish Time Line Encyclopedia: A Year-by-Year History From Creation to the Present por Mattis Kantor , Rowan & Littlefield Publishers, Inc –USA-1992 pag 92
[49] Supplementary Dissertation constante do livro The Fulness of the Times: Being an Analysis of the Chronology of the Seventy, por William Cuninghame. London, 1837 pag 18
[50] Flavius Josephus - Antiquities XVII 8:3
[51] Flavius Josephus - Wars II 1:1; Antiquities XVII 8:4
[52] Flavius Josephus - Wars II 1:2
[53] Flavius Josephus - Wars I 33:8

J: 15/março/1
H: 01/Nisan/3761
Herodes terminaria seu 37º ano de reinado. Este 37º ano de reinado considerado a partir da correlação que Josephus fez do 7º ano de reinado de Herodes com o ano da batalha de Actium. [54] [55]

G: 26/março/1
J: 29/março/1
H: 15/Nisan/3761
Judeus celebram a Festa da Páscoa que se inicia a 15/Nisan de cada ano. [56]

AUC:755 de 21/04/1G a 20/04/2G

G: 29/junho/1
J: 01/julho/1
H: 20/Tammuz/3761
Cônsules de Roma: C. Caesar Aug.f. [Divi n.] , [L.Aemilius Paulli f. L.n.] Paullus . A partir de 1º Julho: M. Herennius M.f. M'.n. Picens [57] [58]

AUC:756 de 21/04/2G a 20/04/3G

---

[54] Flavius Josephus- War of the Jews,Book 1, Chapter19, item 3
[55] http://sacred-texts.com/jud/josephus/war-1.htm
[56] Flavius Josephus - Wars II 1:3; Antiquities XVII 9:3
[57] https://pt.wikipedia.org/wiki/Fastos_Capitolinos
[58] http://www.attalus.org/translate/fasti3.html

G: 29/junho/2
J: 01/julho/2
H: 02/Tammuz/3762
Cônsules de Roma: P. Vinicius M.f. P.n. , P.Alfenus P.f.
P.n. Varus . A partir de 1º Julho: P. Cornelius Cn.f.
Cn.n. Scipio , T. Quinctius T.f. T.n. [Crispinus] Valerianus
[59] [60]

---

[59] https://pt.wikipedia.org/wiki/Fastos_Capitolinos
[60] http://www.attalus.org/translate/fasti3.html

A data da Ressurreição: domingo, 3 de abril de 33

AUC:757 de 21/04/3G a 20/04/4G

....

AUC:758 de 21/04/4G a 20/04/5G

G: 24/junho/4
J: 26/junho/4
H: 19/Tammuz/3764
Augustus Caesar adota como filho seu genro Tiberius
(o futuro Tiberius Caesar). Tiberius recebe alguns
poderes. [61] [62] [63]

AUC:759 de 21/04/5G a 20/04/6G

....

AUC:768 de 21/04/14G a 20/04/15G

G: 17/agosto/14
J: 19/agosto/14
H: 05/Elul/3774
Augustus Caesar morre no 57º ano de reinado.[64] [65]

G: 16/setembro/14
J: 18/setembro/14
H: 06/Tishri/3775

---

[61] http://www.roman-emperors.org/auggie.htm
[62] https://pt.wikipedia.org/wiki/Augusto
[63]

The Adoption of Agrippa Postumus and the Friends of Gaius Caesar
in The Republic in Danger: Drusus Libo and the Succession of Tiberius.
Author: Andrew Pettinger. Oxford Scholarship Online: September 2012.
[64] http://www.roman-emperors.org/auggie.htm
[65] https://pt.wikipedia.org/wiki/Augusto

Tiberius é confirmado pelo Senado como imperador.[66]

G:30/12/14 J:01/01/15 H:22/Teveth/3775
Tiberius Caesar tem seu 1º ano de reinado. [67]

AUC:769 de 21/04/15G a 20/04/16G

....

AUC:782 de 21/04/28G a 20/04/29G

G: 30/dezembro/28
J: 01/janeiro/29
H: 27/Teveth/3789
Tiberius Caesar tem seu 15º ano de reinado. [68]

G: 14/abril/29
J: 16/abril/29
H: 14/Nisan/3789
Judeus tem em 14/Nisan a véspera da Festa de Pessach, a Páscoa dos judeus.

AUC:783 de 21/04/29G a 20/04/30G

G: 06/novembro/29
J: 08/novembro/29
H: 13/Heshvan/3790
Jesus Cristo , com quase 30 anos de idade, é

---

[66] http://www.roman-emperors.org/tiberius.htm
[67] http://www.dec25th.info
[68] http://www.dec25th.info

batizado por João Batista, no 15º ano de Tiberius Caesar. [69] **Jesus tinha mais ou menos trinta anos quando iniciou seu ministério.** [70]

G: 25/dezembro/29
J: 27/dezembro/29
H: 03/Teveth/3790
Como Jesus Cristo completou 1 ano de idade em 25/dezembro/0 [71] então **Cristo completou 30 anos de idade em 25/dezembro/29.**

G: 03/abril/30
J: 05/abril/30
H: 14/Nisan/3790
Judeus tem em 14/Nisan a véspera da Festa de Pessach, a Páscoa dos judeus. 16º ano de Tiberius Caesar.

AUC:784 de 21/04/30G a 20/04/31G

G: 24/março/31
J: 26/março/31
H: 14/Nisan/3791
Judeus tem em 14/Nisan a véspera da Festa de Pessach, a Páscoa dos judeus. 17º ano de Tiberius Caesar.

---

[69] http://www.dec25th.info
[70] Lucas 3,23
[71] https://play.google.com/store/books/details?id=nSYEEAAAQBAJ

A data da Ressurreição: domingo, 3 de abril de 33

AUC:785 de 21/04/31G a 20/04/32G

G: 12/abril/32
J: 14/abril/32
H: 14/Nisan/3792
Judeus tem em 14/Nisan a véspera da Festa de Pessach, a Páscoa dos judeus. 18º ano de Tiberius Caesar.

AUC:786 de 21/04/32G a 20/04/33G

G: 31/março/33 **quinta-feira**
J: 02/abril/33
H: 13/Nisan/3793
Após o por-do-sol da quinta-feira começou o dia de preparação da Páscoa dos judeus, que se extende por toda a sexta-feira até o por-do-sol . Jesus e seus discípulos tem a **Última Ceia**.

G: 01/abril/33 **sexta-feira**
J: 03/abril/33
H: 14/Nisan/3793
Crucificação de Jesus Cristo, com 33 anos e 3 meses, na sexta-feira, véspera da Páscoa dos judeus.. A Páscoa se inicia após o por-do-sol. É o 19º ano de Tiberius Caesar.
*http://www.dec25th.info

G: 02/abril/33 **sábado**
J: 04/abril/33

H: 15/Nisan/3793
Páscoa dos judeus.

G: 03/abril/33 domingo
J: 05/abril/33
H: 16/Nisan/3793
Domingo da ressurreição de Cristo.

AUC:787 de 21/04/33G a 20/04/34G

G: 30/dezembro/33
J: 01/janeiro/34
H: 13/Teveth/3794
Tiberius Caesar tem seu 20º ano de reinado.

Herodes I morreu em 14 de janeiro de 1DC.

E então, Herodes morreu em 4AC ou 1DC?

Sabemos que Herodes estava vivo quando Cristo nasceu e que, antes de morrer, mandou matar todos os meninos com menos de 2 anos.

Qual é o marco histórico em que devemos confiar: na data de nascimento de Cristo ou na data da morte de Herodes?

Se Cristo nasceu em dezembro do ano 1AC então a cronologia mostra que Herodes deve ter morrido por volta de 1DC.

Se Herodes morreu em 4AC então Cristo teria que ter nascido por volta de 6AC!!!!

Textos judaicos revelam que a data da morte de Herodes I <o grande> é 02 Shevat 3761 do calendário Hebreu, que equivale à data de 14 de janeiro de 0001 do calendário Gregoriano.

Consulte a página 132 da "Codex Judaica – Chronological Index of Jewish History – Zichron Press – New York – 2005".

Consulte a página 92 do livro "The Jewish Time Line Encyclopedia: A Year-by-Year History From

Creation to the Present" editado por Mattis Kantor , Rowan & Littlefield Publishers, Inc –USA-1992.

Consulte a página 18 da "Supplementary Dissertation", constante do livro "The Fullness of the Times: Being an Analysis of the Chronology of the Seventy", por William Cunningham. London, 1837.

Por que será que alguns historiadores recentes passaram a considerar 4AC como o ano da morte de Herodes? Uma das "evidências" foram as moedas com a indicação dos filhos de Herodes como seus sucessores e que foram encontradas com datas anteriores ao que se supunha. Entretanto, numismatas esclareceram que moedas registram situações "de jure" e não situações "de facto". Herodes o Grande morreu em 1 DC, mas seus filhos Herodes Archelaus, Herodes Antipas e Herodes Philip contaram como seu Ano 1 de reinado a partir de 4 AC que é quando começou a "co-regencia" de Antipater, um dos filhos de Herodes.

Ou seja, a confusão ocorre porque Herodes deixou seu filho Antipater comandar com ele e cuidar de muitos assuntos públicos.

Especificamente sobre o erro de colocar a morte de Herodes em 4AC sugiro a leitura dos artigos de Vladimir Blaha em academia.edu.

Ano Zero – Natal Um

Em 20 de junho de 2016 conclui e divulguei os resultados de uma pesquisa sobre cronologia e sobre a data de nascimento de Cristo. Em 15 de maio de 2017 foram publicados no blog Prazer Compartilhar [72] [73] e, em seguida, publicados no site Academia.edu. [74]

Em 19 de outubro de 2020 foi publicado o livro Ano Zero – Natal Um[75], em parceria com meu amigo Carlos Fernando Castro, que criou uma narrativa ficcional para ajudar a contar o desenvolvimento da minha pesquisa.

O objetivo da pesquisa era validar o calendário civil atual, chamado Gregoriano, e que tem a contagem DC a partir de 01/01/0000, oitavo dia após o nascimento de Cristo em 25/12/ano menos 1, buscando elementos que comprovassem esta tradição que chegou até nós depois de mais de dois mil anos.

A diferença de 8 dias entre o nascimento de Cristo em 25 de dezembro do ano 1AC e o início do ano novo em 01 de janeiro do ano zero é devido ao

---

[72]https://prazercompartilharblog.wordpress.com/2017/05/15/2-a-e-c-do-calendario-juliano-e-o-ano-de-nascimento-de-jesus-cristo/

[73]https://prazercompartilharblog.wordpress.com/2017/05/17/cronologia-ac-dc/

[74]

https://www.academia.edu/30100519/2_aec_do_calendario_Juliano_%C3%A9_o_ano_de_nascimento_de_Jesus_Cristo_pdf

[75] https://play.google.com/store/books/details?id=nSYEEAAAQBAJ

costume judaico de dar nome ao recém-nascido no oitavo dia do nascimento, no ritual de circuncisão. Foi em 01 de janeiro do ano zero que Cristo foi circuncidado e recebeu o nome de Jesus.

Como Cristo nasceu em 25 de dezembro do ano 1AC então ele foi concebido cerca de 23 de março do ano 1AC. Momento em que Isabel, a parente de Maria, mãe de Jesus, estava gravida de 6 meses.

João Batista, filho de Isabel e Zacarias, foi concebido então cerca de 23 de setembro do ano 2AC. Neste momento Zacarias estava prestando serviço sacerdotal no Templo. Zacarias era da classe sacerdotal de Abias. Uma das 24 classes listadas em 1 Crônicas 24,7-19.

A escala escala de serviço sacerdotal no Templo tem um ciclo de 6 anos com 52 semanas cada ano conforme manuscritos de Qumran.

semana	1º ano	2º ano	3º ano	4º ano	5º ano	6º ano
1	22.Gamul	2.Jedeias	6.Mainã	10.Sequenias	14.Isbaal	18.Hafses
2	23.Dalaías	3.Harim	7.Acos	11.Eliasib	15.Belga	19.Fetatias
3	24.Maazias	4.Seorim	8.Abias	12.Jacim	16.Emer	20.Esequiel
4	1.Joiarib	5.Melquias	9.Jesua	13.Hofa	17.Hezir	21.Jaquin
5	2.Jedeias	6.Mainã	10.Sequenias	14.Isbaal	18.Hafses	22.Gamul
6	3.Harim	7.Acos	11.Eliasib	15.Belga	19.Fetatias	23.Dalaías
7	4.Seorim	8.Abias	12.Jacim	16.Emer	20.Esequiel	24.Maazias
8	5.Melquias	9.Jesua	13.Hofa	17.Hezir	21.Jaquin	1.Joiarib
9	6.Mainã	10.Sequenias	14.Isbaal	18.Hafses	22.Gamul	2.Jedeias
10	7.Acos	11.Eliasib	15.Belga	19.Fetatias	23.Dalaías	3.Harim
11	8.Abias	12.Jacim	16.Emer	20.Esequiel	24.Maazias	4.Seorim

12	9.Jesua	13.Hofa	17.Hezir	21.Jaquin	1.Joiarib	5.Melquias
13	10.Sequenias	14.Isbaal	18.Hafses	22.Gamul	2.Jedeias	6.Mainã
14	11.Eliasib	15.Belga	19.Fetatias	23.Dalaías	3.Harim	7.Acos
15	12.Jacim	16.Emer	20.Esequiel	24.Maazias	4.Seorim	8.Abias
16	13.Hofa	17.Hezir	21.Jaquin	1.Joiarib	5.Melquias	9.Jesua
17	14.Isbaal	18.Hafses	22.Gamul	2.Jedeias	6.Mainã	10.Sequenias
18	15.Belga	19.Fetatias	23.Dalaías	3.Harim	7.Acos	11.Eliasib
19	16.Emer	20.Esequiel	24.Maazias	4.Seorim	8.Abias	12.Jacim
20	17.Hezir	21.Jaquin	1.Joiarib	5.Melquias	9.Jesua	13.Hofa
21	18.Hafses	22.Gamul	2.Jedeias	6.Mainã	10.Sequenias	14.Isbaal
22	19.Fetatias	23.Dalaías	3.Harim	7.Acos	11.Eliasib	15.Belga
23	20.Esequiel	24.Maazias	4.Seorim	8.Abias	12.Jacim	16.Emer
24	21.Jaquin	1.Joiarib	5.Melquias	9.Jesua	13.Hofa	17.Hezir
25	22.Gamul	2.Jedeias	6.Mainã	10.Sequenias	14.Isbaal	18.Hafses
26	23.Dalaías	3.Harim	7.Acos	11.Eliasib	15.Belga	19.Fetatias
27	24.Maazias	4.Seorim	8.Abias	12.Jacim	16.Emer	20.Esequiel
28	1.Joiarib	5.Melquias	9.Jesua	13.Hofa	17.Hezir	21.Jaquin
29	2.Jedeias	6.Mainã	10.Sequenias	14.Isbaal	18.Hafses	22.Gamul
30	3.Harim	7.Acos	11.Eliasib	15.Belga	19.Fetatias	23.Dalaías
31	4.Seorim	8.Abias	12.Jacim	16.Emer	20.Esequiel	24.Maazias
32	5.Melquias	9.Jesua	13.Hofa	17.Hezir	21.Jaquin	1.Joiarib
33	6.Mainã	10.Sequenias	14.Isbaal	18.Hafses	22.Gamul	2.Jedeias
34	7.Acos	11.Eliasib	15.Belga	19.Fetatias	23.Dalaías	3.Harim
35	8.Abias	12.Jacim	16.Emer	20.Esequiel	24.Maazias	4.Seorim
36	9.Jesua	13.Hofa	17.Hezir	21.Jaquin	1.Joiarib	5.Melquias
37	10.Sequenias	14.Isbaal	18.Hafses	22.Gamul	2.Jedeias	6.Mainã
38	11.Eliasib	15.Belga	19.Fetatias	23.Dalaías	3.Harim	7.Acos
39	12.Jacim	16.Emer	20.Esequiel	24.Maazias	4.Seorim	8.Abias
40	13.Hofa	17.Hezir	21.Jaquin	1.Joiarib	5.Melquias	9.Jesua
41	14.Isbaal	18.Hafses	22.Gamul	2.Jedeias	6.Mainã	10.Sequenias

A data da Ressurreição: domingo, 3 de abril de 33

42	15.Belga	19.Fetatias	23.Dalaías	3.Harim	7.Acos	11.Eliasib
43	16.Emer	20.Esequiel	24.Maazias	4.Seorim	8.Abias	12.Jacim
44	17.Hezir	21.Jaquin	1.Joiarib	5.Melquias	9.Jesua	13.Hofa
45	18.Hafses	22.Gamul	2.Jedeias	6.Mainã	10.Sequenias	14.Isbaal
46	19.Fetatias	23.Dalaías	3.Harim	7.Acos	11.Eliasib	15.Belga
47	20.Esequiel	24.Maazias	4.Seorim	8.Abias	12.Jacim	16.Emer
48	21.Jaquin	1.Joiarib	5.Melquias	9.Jesua	13.Hofa	17.Hezir
49	22.Gamul	2.Jedeias	6.Mainã	10.Sequenias	14.Isbaal	18.Hafses
50	23.Dalaías	3.Harim	7.Acos	11.Eliasib	15.Belga	19.Fetatias
51	24.Maazias	4.Seorim	8.Abias	12.Jacim	16.Emer	20.Esequiel
52	1.Joiarib	5.Melquias	9.Jesua	13.Hofa	17.Hezir	21.Jaquin

Os estudiosos dos manuscritos de Qumran concluiram que a seita judaica que lá vivia sincronizava a cada ano da escala de serviço sacerdotal com o equinócio de março. Concluíram também que, na escala de serviço sacerdotal no Templo, o Equinócio de março no fuso horário de Jerusalém, é o primeiro dia do primeiro mês. Para a escala de serviço sacerdotal no Templo, o primeiro mês é o mês de Nisan no calendário Hebreu que corresponde ao mês de março no calendário Gregoriano. O primeiro dia do primeiro mês do ano é o dia seguinte ao dia do equinócio de março (que é designado como o 4º dia da semana de serviço).

Sabemos que em 03 de agosto do ano 70 equivalente a 10/Av/3830 do calendário Hebreu o Templo é destruído pela segunda vez. Estavam de serviço no Templo os sacerdotes da classe de Jehoiarib. Sabendo que a cada ano a escala de serviços é sincronizada com o Equinócio de março, e sabendo que em agosto do ano 70 a classe de Joiarib estava de serviço no Tempo, então, consultando a escala, vemos que no terceiro ano do ciclo de seis, a classe de Joiarib está de serviço no Templo em agosto. Logo, para o ano 70 a escala era o terceiro ano do ciclo de seis.

Sabendo que o ano 70 é um terceiro ano do ciclo de seis anos, e percorrendo o ciclo de 6 anos da escala de serviços vemos que o ano 2AC também é um terceiro ano do ciclo de seis anos.

Conferimos então que na escala anual de serviço no Templo no ano 2AC aparece a classe de Abias, da qual fazia parte Zacarias, prestando serviço no Templo em final de setembro!

Portanto a tradição, as referências bíblicas, os registros históricos, os eventos astronomicos, ajudaram a comprovar que Jesus Cristo nasceu a 25 de dezembro de 1AC, morreu na sexta-feira, 1º de abril de 33 e ressuscitou no domingo, 3 de abril de 33. Datas do calendário Gregoriano!

A data da Ressurreição: domingo, 3 de abril de 33

Escala de turnos de serviço no Templo pelas classes sacerdotais segundo manuscritos 4Q320 e 4Q321

O dia seguinte ao equinocio de março é o 4º dia da semana de serviço e e o dia 1 do mês 1

A semana da classe sacerdotal começa na noite do dia anterior ao primeiro dia da semana

3º ano do ciclo de 6 anos

Semana	Mês	1ª dia	Mês	7ª dia	Classe
1	12	29	1	4	Mainã
2	1	5	1	11	Acos
3	1	12	1	18	Abias
4	1	19	1	25	Jesua
5	1	26	2	2	Sequenias
6	2	3	2	9	Eliasib
7	2	10	2	16	Jacim
8	2	17	2	23	Hofa
9	2	24	2	30	Isbaab
10	3	1	3	7	Belga
11	3	8	3	14	Emer
12	3	15	3	21	Hezir
13	3	22	3	28	Hafses
14	3	29	4	4	Fetalias
15	4	5	4	11	Ezequiel
16	4	12	4	18	Jaquin
17	4	19	4	25	Gamul
18	4	26	5	2	Dalaias
19	5	3	5	9	Maazias
20	5	10	5	16	Joairib
21	5	17	5	23	Jedeías
22	5	24	5	30	Harim
23	6	1	6	7	Seorim
24	6	8	6	14	Melquias
25	6	15	6	21	Mainã
26	6	22	6	28	Acos
27	6	29	7	4	Abias
28	7	5	7	11	Jesua
29	7	12	7	18	Sequenias
30	7	19	7	25	Eliasib
31	7	26	8	2	Jacim
32	8	3	8	9	Hofa
33	8	10	8	16	Isbaab
34	8	17	8	23	Belga
35	8	24	8	30	Emer
36	9	1	9	7	Hezir
37	9	8	9	14	Hafses
38	9	15	9	21	Fetalias
39	9	22	9	28	Ezequiel
40	9	29	10	4	Jaquin
41	10	5	10	11	Gamul
42	10	12	10	18	Dalaías
43	10	19	10	25	Maazias
44	10	26	11	2	Joairib
45	11	3	11	9	Jedeías
46	11	10	11	16	Harim
47	11	17	11	23	Seorim
48	11	24	11	30	Melquias
49	12	1	12	7	Mainã
50	12	8	12	14	Acos
51	12	15	12	21	Abias
52	12	22	12	28	Jesua

Ano 2 AC do calendario Gregoriano. Equinocio : sábado 21 de março

Mês	Quinta	Mês	Quarta
Março 2 a.e.c.	19	Março	25
Março	26	Abril	1
Abril	2	Abril	8
Abril	9	Abril	15
Abril	16	Abril	22
Abril	23	Abril	29
Abril	30	Maio	6
Maio	7	Maio	13
Maio	14	Maio	20
Maio	21	Maio	27
Maio	28	Junho	3
Junho	4	Junho	10
Junho	11	Junho	17
Junho	18	Junho	24
Junho	25	Julho	1
Julho	2	Julho	8
Julho	9	Julho	15
Julho	16	Julho	22
Julho	23	Julho	29
Julho	30	Agosto	5
Agosto	6	Agosto	12
Agosto	13	Agosto	19
Agosto	20	Agosto	26
Agosto	27	Setembro	2
Setembro	3	Setembro	9
Setembro	10	Setembro	16
Setembro	17	Setembro	23
Setembro	24	Setembro	30
Outubro	1	Outubro	7
Outubro	8	Outubro	14
Outubro	15	Outubro	21
Outubro	22	Outubro	28
Outubro	29	Novembro	4
Novembro	5	Novembro	11
Novembro	12	Novembro	18
Novembro	19	Novembro	25
Novembro	26	Dezembro	2
Dezembro	3	Dezembro	9
Dezembro	10	Dezembro	16
Dezembro	17	Dezembro	23
Dezembro	24	Dezembro	30
Dezembro	31	Janeiro 1 a.e.c	6
Janeiro	7	Janeiro	13
Janeiro	14	Janeiro	20
Janeiro	21	Janeiro	27
Janeiro	28	Fevereiro	3
Fevereiro	4	Fevereiro	10
Fevereiro	11	Fevereiro	17
Fevereiro	18	Fevereiro	24
Fevereiro	25	Março	3
Março	4	Março	10
Março	11	Março	17

Cônsules, Olimpíadas, Vencedores da corrida

Na elaboração de uma cronologia fundamentada em fatos é muito útil conhecer quem eram os cônsules romanos, bem como em qual ano se estava com relação a uma dada Olimpíada e quem foram os vencedores da corrida no estádio da Olimpiada naquele ano.

Com base nas fontes referenciadas no rodapé[76] [77] [78] [79], listamos a seguir estas informações para os eventos ao redor do Ano Zero e do Ano 33.

---

[76] https://en.wikipedia.org/wiki/List_of_Roman_consuls#1st_century_BC

[77] https://en.m.wikipedia.org/wiki/List_of_Olympic_winners_of_the_Stadion_race

[78] http://www.numachi.com/~ccount/hmepa/calendars/187.html

[79] https://en.m.wikipedia.org/wiki/32_BC

Eventos ao redor do Ano Zero

AUC começa em 21 de abril	Ano Juliano começa em 01/janeiro	Consul	Consul	Olimpiadas.Ano	Vencedores da corrida no estadio
750	-4	C. Calvisius Sabinus	L. Passienus Rufus	194.1	Demaratus de Ephesus
		substituido por C. Caelius (Rufus?)	Galus Sulpicius		
751	-3	L. Cornelius Lentulus	M. Valerius Messalla Messallinus	194.2	
752	-2	Imp. Caesar Divi f. Augustus XIII (January–August)	M. Plautius Silvanus (January–June)	194.3	
		substituido por	L. Caninius Gallus (July–December)		
		substituido por C. Fufius Geminus (September–October)			
		substituido por Q. Fabricius (November–December)			
753	-1	Cossus Cornelius Lentulus	L. Calpurnius Piso	194.4	
		substituido por A. Plautius	A. Caecina Severus		
	não existe ano zero no calendario Juliano				
754	1	Caius ou Gaius Julius Caesar (January–December)	L. Aemilius Paullus (January–June)	195.1	Demaratus pela segunda vez
		substituido por	M. Herennius Picens (July–December)		
755	2	P. Vinicius (January–June)	P. Alfenus Varus	195.2	
		substituido por P. Cornelius Lentulus Scipio (July–December)	T. Quinctius Crispinus Valerianus		

Eventos ao redor do Ano 33

AUC começa em 21 de abril	Ano Juliano começa em 01/janeiro	Consul	Consul	Olimpiadas.Ano	Vencedores da corrida no estadio
783	30	L. Cassius Longinus (January–June)	M. Vinicius	202.2	
		substituido por L. Naevius Surdinus (July–December)	C. Cassius Longinus		
784	31	Ti. Caesar Augustus V (January–8 May)	L. Aelius Seianus	202.3	
		substituido por Faustus Cornelius Sulla (9 May–September)	Sex. Tedius Valerius Catullus (9 May–June)		
		substituido por	L. Fulcinius Trio (July–December)		
		substituido por P. Memmius Regulus (October–December)			
785	32	Cn. Domitius Ahenobarbus (January–December)	L. Arruntius Camillus Scribonianus (January–June)	202.4	
		substituido por	A. Vitellius (July–December)		
786	33	L. Livius Ocella Ser. Sulpicius Galba (January–June)	L. Cornelius Sulla Felix	203.1	Apollonius de Epidaurus
		substituido por L. Salvius Otho (July–December)	C. Octavius Laenas		
787	34	Paullus Fabius Persicus (January–June)	L. Vitellius	203.2	
		substituido Q. Marcius Barea	T. Rustius Nummius		

Início da vida pública de Cristo

Batismo de Jesus - pintura de James Tissot

Em 06 de novembro de 29 do calendário Gregoriano, equivalente a 8 de novembro de 29 no calendário Juliano e a 13-Heshvan-3790 no calendário Hebreu, Jesus Cristo , com quase 30 anos de idade, é batizado por João Batista, no 15º ano de Tiberius

Caesar. [80]

Jesus tinha mais ou menos trinta anos quando iniciou seu ministério. [81]

Em 25 de dezembro de 29 do calendário Gregoriano, equivalente a 27 de dezembro de 29 no calendário Juliano e a 03-Teveth-3790 no calendário Hebreu, Jesus Cristo completou 30 anos de idade, pois ele tinha completado 1 ano de idade em 25/dezembro/0 [82].

---

[80] http://www.dec25th.info
[81] Lucas 3,23
[82] https://play.google.com/store/books/details?id=nSYEEAAAQBAJ

A data da Ressurreição: domingo, 3 de abril de 33

A Páscoa dos judeus celebra o fim da escravidão dos judeus no Egito.

Começa no dia 15 do mês Nisan e dura 7 dias.

Como os dias do calendário Hebreu começam e terminam no por do sol, então a Páscoa começa no por do sol do dia 14 do mês Nisan.

Segundo a calculadora do site
https://webspace.science.uu.nl/~gent0113/easter/easter calculator.htm
A páscoa judaica no ano 33 ocorreu no sábado dia 4 de abril do calendário Juliano, equivalente ao dia 2 de abril do calendário Gregoriano.

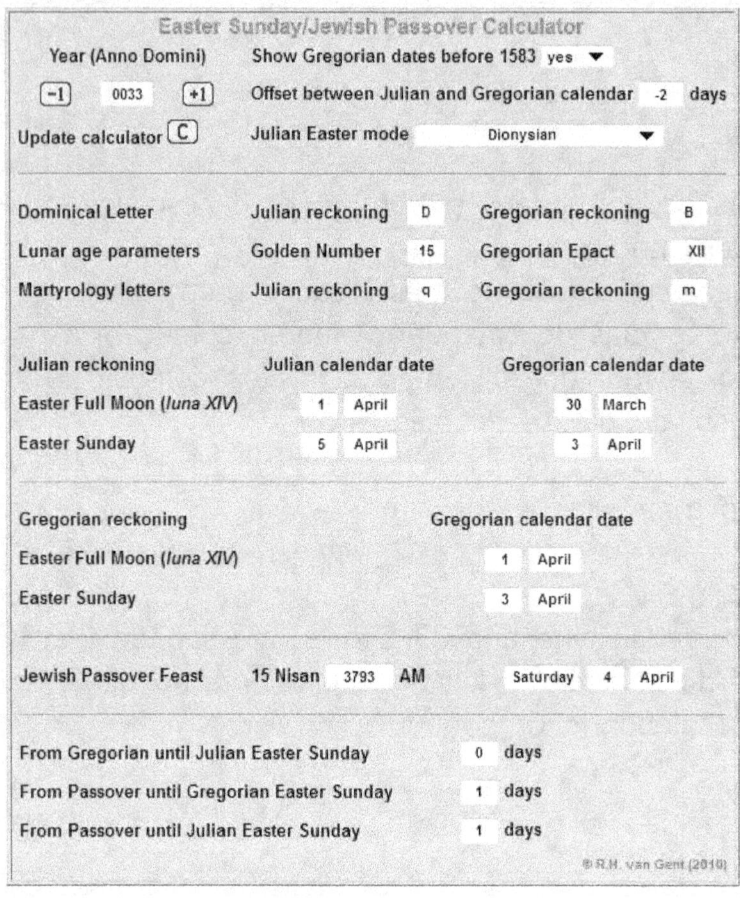

Easter Sunday/Jewish Passover Calculator
Year (Anno Domini)
Show Gregorian dates before 1583 yes
-1   0033   +1
Offset between Julian and Gregorian calendar   -2   days
Update calculator C
Julian Easter mode   Dionysian
Dominical Letter   Julian reckoning   D   Gregorian reckoning   B
Lunar age parameters   Golden Number   15   Gregorian Epact   XII
Martyrology letters   Julian reckoning   q   Gregorian reckoning   m
Julian reckoning   Julian calendar date   Gregorian calendar date
Easter Full Moon (luna XIV)   1   April   30   March
Easter Sunday   5   April   3   April
Gregorian reckoning   Gregorian calendar date
Easter Full Moon (luna XIV)   1   April
Easter Sunday   3   April
Jewish Passover Feast   15 Nisan   3793   AM   Saturday   4   April
From Gregorian until Julian Easter Sunday   0   days
From Passover until Gregorian Easter Sunday   1   days
From Passover until Julian Easter Sunday   1   days
© R.H. van Gent (2010)

A data da Ressurreição: domingo, 3 de abril de 33

Como vimos anteriormente, os registros bíblicos e a cronologia mostram que Jesus tinha quase 30 anos quando iniciou sua vida pública.

No Evangelho de João há várias menções à palavra Páscoa durante a vida pública de Jesus.[83]

Vamos conferir quais foram estas Páscoas:

AUC:783 de 21/04/29G a 20/04/30G

Em 14/Nisan/3790 equivalente a 03/abril/30 Gregoriano e 05/abril/30 Juliano, os judeus tem a véspera da Festa de Pessach, a Páscoa dos judeus. Era o 16º ano de Tiberius Caesar.

AUC:784 de 21/04/30G a 20/04/31G

Em 14/Nisan/3791 equivalente a 24/março/31 Gregoriano e 26/março/31 Juliano, os judeus tem a véspera da Festa de Pessach, a Páscoa dos judeus. Era o 17º ano de Tiberius Caesar.

AUC:785 de 21/04/31G a 20/04/32G

---

[83] João 2,13; 2,23 ; 6,4; 11,55; 12,1; 13,1; 18,28; 18,39 e 19,14.

Em 14/Nisan/3792 equivalente a 12/abril/32 Gregoriano e 14/abril/32 Juliano, os judeus tem a véspera da Festa de Pessach, a Páscoa dos judeus. Era o 18º ano de Tiberius Caesar.

AUC:786 de 21/04/32G a 20/04/33G

No dia 31/março/33 **quinta-feira** equivalente a 02/abril/33 Juliano e a 13/Nisan/3793 Hebreu, após o por-do-sol da quinta-feira começou o dia de preparação da Páscoa dos judeus, que se extende por toda a sexta-feira até o por-do-sol . Jesus e seus discípulos tem a **Última Ceia** antes da crucificação.

A última ceia na quinta-feira

Ultima ceia – pintura de James Tissot

G: 31/março/33 **quinta-feira**
J: 02/abril/33
H: 13/Nisan/3793

Os Evangelhos de Mateus, Marcos e Lucas registram Jesus celebrando a Páscoa antes de sua morte[84], mas o Evangelho de João registra que os judeus não estavam celebrando a Páscoa até o final da tarde de sexta-feira[85].

Será que o termo Páscoa se aplicava apenas à noite em que se comia o cordeiro pascal ou era utilizado também para outras ocasiões?

---

[84] Mateus 26,17; Marcos 14,12; Lucas 22,15
[85] João 18,28; 19,14

Raymond Brown e também Jonathan Klawans[86] sugeriram que a última ceia não fosse uma refeição pascal. Contudo, contrariando esta hipótese, no Evangelho de Marcos, o termo Páscoa aparece quatro vezes na descrição dos preparativos da refeição e existem muitas concordâncias quanto ao formato e ritual de Páscoa.

Jesus Cristo e seus discípulos fizeram a Última Ceia na quinta-feira dia 31 de março de 33, depois do por-do-sol, ou seja já tinha começado o dia da preparação da Pascoa dos Judeus que se estenderia por toda a sexta-feira até o por-do-sol.

---

[86] Jonathan, Klawans, "Was Jesus' Last Supper a Seder?" Biblical Archaeology Society, 07 January 2014.

A crucificação na sexta-feira

A morte de Jesus – pintura de James Tissot

G: 1º/abril/33 **sexta-feira**
J: 3/abril/33
H: 14/Nisan/3793

Em algumas traduções de João 19,14, o julgamento de Jesus é descrito como sendo no 'dia da preparação da Páscoa'.

Em grego a palavra usada era 'Paraskeve' que é o nome do dia sexta-feira[87] . Para os judeus a sexta-feira é o dia de preparação para o Sabbath.

Jesus Cristo foi crucificado, com 33 anos e 3 meses, na sexta-feira, dia 1º de abril do ano 33 do calendário Gregoriano, equivalente ao dia 14 de Nisan de 3793 do calendário Hebreu, véspera da Páscoa dos judeus.

Sábado dia 2 de abril de 33 do calendário Gregoriano, equivalente ao dia 15 de Nisan de 3793 do calendário Hebreu, foi a Festa de Pessach, a Páscoa dos judeus.

Domingo dia 3 de abril de 33 do calendário Gregoriano, Jesus Cristo teve sua ressurreição.

Como Jesus foi crucificado e morreu na tarde de sexta-feira, esse foi o primeiro dia. Ao pôr do sol da sexta-feira, começou o segundo dia. Depois, ao pôr do sol do sábado, começou o terceiro dia. Então, Jesus

---

[87] Joy, John P. "Ratzinger and Aquinas on the Dating of the Last Supper: In Defense of the Synoptic Chronology," The New Blackfriars, Vol. 94.

ressuscitou realmente "no terceiro dia", no domingo, o primeiro dia da semana. [88]

Cristo tinha afirmado que passaria três dias e três noites no coração da terra, mas conforme a maioria dos eruditos bíblicos a expressão não significa necessariamente três períodos completos de 24 horas. A expressão 'três dias e três noites' se refere a uma parte do período.

Jesus empregou a expressão 'no terceiro dia' para o tempo de sua ressurreição após a crucificação. [89]

Porém, a expressão 'no terceiro dia' não quer dizer 'após três dias'

Então, Jesus morreu no primeiro dia (sexta-feira) e ressuscitou ao terceiro dia (domingo).

O período de 24 horas do tempo judaico é contado das 6 horas da tarde até 6 horas da manhã. O período de 24 horas do tempo romano é contado da meia-noite até meia-noite.

Os judeus dividiam a noite em quatro partes chamadas vigílias e o dia em quatro partes chamadas horas: A hora de prima ia do nascer do sol até as nove horas. A hora de tércia ia até as doze horas. A

---

[88] Mt 20, 19 , Mt 28,1-6.
[89] Mt 16,21, Mt 17,23, Mt 20,19, Mt 26,61

hora de sexta ia até as três da tarde. A hora de noa ia até o por do sol.

O evangelista João diz que Jesus estava em julgamento por volta da hora sexta do tempo romano, isto é, às 6 horas da manhã do tempo romano. [90]

O evangelista Marcos diz que Jesus foi crucificado na hora terceira do tempo judaico, que corresponde às 9 horas da manhã do tempo romano. [91]

O evangelista Marcos diz que Jesus morreu na hora nona do tempo judaico, isto é, às 3 horas da tarde do tempo romano. [92]

Os romanos abandonavam os corpos dos crucificados aos abutres, mas os judeus faziam questão de que fossem sepultados. Segundo o direito judaico os crucificados deviam ser retirados no mesmo dia. [93]

Jesus foi sepultado ainda na sexta-feira antes das 6 horas da tarde do tempo romano, que é quando começava o sábado de Páscoa judaica. [94]

---

[90] Jo 19,14
[91] Mc 15,25
[92] Mc 15,34-37
[93] Dt 21,22-23
[94] Mc 15, 42-46

O sepultamento na sexta-feira

Na sexta-feira, por volta as três horas da tarde, Jesus morreu. Houve um terremoto.

Entre as mulheres presentes estavam Maria Madalena, Maria mãe de Tiago menor e José, e Salomé, e a mãe dos filhos de Zebedeu.

Apesar de os soldados constatarem que Jesus já estava morto, um dos soldados perfurou o lado de Jesus com uma lança.

Ao cair da tarde da sexta-feira, chegou um homem rico, de Arimatéia, chamado José, um discípulo de Jesus. Ele se dirigiu a Pilatos e pediu o corpo de Jesus.

Pilatos ficou surpreso ao ouvir que ele já tinha morrido, chamou o oficial e lhe perguntou se Jesus estava morto fazia algum tempo.

Depois de ter recebido a confirmação de seu oficial de que Jesus estava morto, Pilatos ordenou que o corpo fosse entregue a José de Arimatéia.

José pegou o corpo e levou embora. Presente também estava Nicodemos, com especiarias.

Eles pegaram o corpo de Jesus e envolveram em um lençol de linho limpo, junto com as especiarias, segundo a prática de sepultamento. Depois colocaram o corpo de Jesus no sepulcro novo de José de Arimatéia, que havia mandado cavar na rocha. E, depois de fazer rolar uma grande pedra sobre a entrada do túmulo, foram embora.

Maria Madalena e a outra Maria estavam assentadas ali, em frente do túmulo, e viram onde o corpo de Jesus foi colocado. Então voltaram para casa. [95]

---

[95] Mt 27,46-61; Mc 15,33-47; Lc 23,44-56; Jo 19,30-42

O sábado da Páscoa judaica

G: 2/abril/33 **sábado**
J: 4/abril/33
H: 15/Nisan/3793

O sábado judaico começa no pôr do sol da sexta-feira e termina no pôr do sol do sábado.

Provávelmente os discípulos de Cristo, no dia seguinte à sua morte, se esconderam por medo das autoridades judaicas e romanas.

Os sacerdotes e fariseus pediram permissão a Pilatos para proteger o túmulo de Jesus[96] , para impedir que seus discípulos roubassem o corpo.

Os discípulos passaram o sábado com medo, sofrendo com o trauma dos horríveis acontecimentos da sexta-feira. As esperanças para o estabelecimento do reino messiânico foram despedaçadas. No sábado não havia o que fazer, apenas descansar.[97]

Os líderes judeus também estavam com medo pelas circunstâncias incomuns em torno da morte de Cristo, as trevas ao meio-dia, o rasgo da cortina do Templo, o terremoto e relatos de mortos ressuscitados (Jesus desceu à mansão dos mortos e os libertou!). As autoridades judaicas não acreditavam na ressurreição de Cristo, mas temiam...

---

[96] Mateus 27,63-66
[97] Lucas 23,56

A data da Ressurreição: domingo, 3 de abril de 33

O sábado, após a sexta-feira da crucificação, foi um dia de cansaço e medo, foi um dia de espera...

O domingo da ressurreição de Cristo

A Ressurreição – pintura de James Tissot

G: 3/abril/33 **domingo**
J: 5/abril/33
H: 16/Nisan/3793

Conforme o relato de Marcos, que é o primeiro relato que temos da ressurreição, quando o sábado passou, Maria Madalena, Maria, a mãe de Tiago, e Salomé, compraram especiarias aromáticas para ir ungi-lo. E bem cedo pela manhã, no primeiro dia da semana, elas foram ao túmulo, após o nascer do sol. Mas diziam entre si: Quem rolará a pedra da entrada do túmulo? Mas quando olharam, viram a pedra removida, que era muito grande e pesada. E quando elas entraram na tumba, viram um jovem sentado do lado direito, coberto com uma longa roupa branca; e ficaram com medo. Mas ele disse: Não tenham medo; procurais Jesus de Nazaré, aquele que foi crucificado; Ele ressuscitou, ele não está aqui; olhe o lugar onde o colocaram. Mas ide, dizei aos discípulos, e a Pedro, que ele vai adiante de vós para a Galileia; lá vocês o verão. E elas fugiram da tumba, e não disseram nada a ninguém, porque estavam com medo...[98]

Jesus Cristo ressurgiu da morte, apareceu aos discípulos, conversou e teve refeição com eles e permitiu que o tocassem para verem que ressurgiu integral, de corpo e alma, carregando as marcas das torturas que sofreu e dos pregos nas mãos.

Muitas outras pessoas o viram em carne e osso, depois de sua morte. Não era uma experiência mística. Jesus Cristo provou que sua ressurreição era física.[99]

---

[98] Marcos 16,1-8
[99] Lucas 24,39

Neste dia Jesus Cristo, Deus encarnado, ressurgiu dos mortos, vencendo assim a morte e reabrindo as portas da eternidade para a raça humana.

Um acontecimento maravilhoso que merece ser celebrado pelos cristãos. Era o primeiro domingo depois de uma lua cheia depois do equinócio de março. E assim, os cristãos definiram que celebrariam anualmente este domingo especial.

A lua em abril de 33

No site
http://astropixels.com/ephemeris/phasescat/phases0001.html
Vemos que a lua cheia foi na sexta-feira dia 3 de abril de 33 no calendário Juliano, equivalente a 1 de abril de 33 no calendário Gregoriano.

astropixels.com/ephemeris/phasescat/phases0001.html

Year	New Moon		First Quarter		Full Moon		Last Quarter	
0033					Jan 4	10:15	Jan 12	15:25
	Jan 19	16:10	Jan 26	07:52	Feb 3	04:22	Feb 11	07:43
	Feb 18	01:49	Feb 24	20:21	Mar 4	22:21	Mar 12	19:38
	Mar 19	10:39 T	Mar 26	10:34	Apr 3	14:52 p	Apr 11	03:46
	Apr 17	19:10	Apr 25	02:20	May 3	04:55	May 10	09:21
	May 17	04:00	May 24	19:16	Jun 1	16:20	Jun 8	13:51
	Jun 15	13:58	Jun 23	12:42	Jul 1	01:43	Jul 7	18:42
	Jul 15	01:57	Jul 23	05:39	Jul 30	10:07	Aug 6	01:15
	Aug 13	16:34	Aug 21	21:15	Aug 28	18:35	Sep 4	10:39
	Sep 12	09:43 A	Sep 20	10:58	Sep 27	03:51 p	Oct 3	23:52
	Oct 12	04:17	Oct 19	22:43	Oct 26	14:18	Nov 2	17:14
	Nov 10	22:35	Nov 18	08:45	Nov 25	02:04	Dec 2	14:02
	Dec 10	15:11	Dec 17	17:29	Dec 24	15:20		

No site
http://www.paulcarlisle.net/mooncalendar/
temos as fases lunares do mês de abril de 33 no calendário Juliano. Veja que a lua cheia foi na sexta-feira, dia 03 de abril no calendário Juliano, equivalente ao dia 01 de abril no calendário Gregoriano.

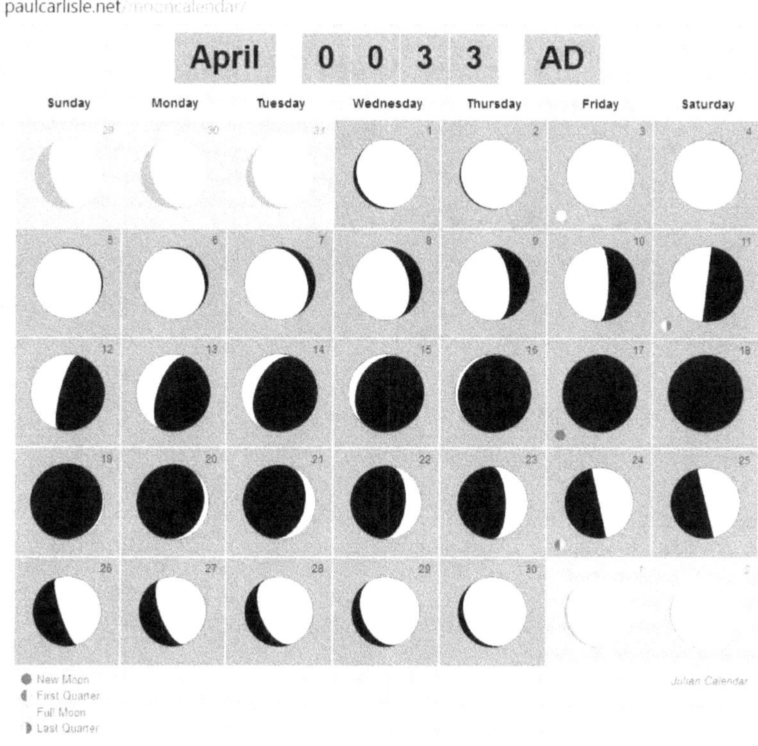

Eclipse Lunar em abril de 33

Na sexta-feira da crucificação de Cristo houve uma escuridão, registrada pelos Evangelhos.[100]

Conforme vimos no capítulo anterior, neste dia a lua era cheia.

O catálogo de eclipses lunares[101] aponta este evento[102] no Dia Juliano 1733204.116514 que corresponde à sexta feira dia 3 de abril de 33 no calendário Juliano, e a 1 de abril de 33 no calendário Gregoriano, conforme o conversor de calendários. [103]

---

[100] Mateus 27,45; Marcos 15,33; Lucas 23,44-45

[101] http://www.eclipsewise.com/lunar/LEcatalog/LE0001-0100.html

[102] http://www.eclipsewise.com/lunar/LEprime/0001-0100/LE0033Apr03Pprime.html

[103] https://www.fourmilab.ch/documents/calendar/

O terremoto em abril de 33

O Terremoto – pintura de James Tissot

Houve um terremoto[104] quando Jesus Cristo morreu, por volta das três horas da tarde da sexta-feira dia 1º de abril do ano 33 do calendário Gregoriano, equivalente ao dia 3 de abril do ano 33 do calendário Juliano, equivalente ao dia 14 de Nisan de 3793 do calendário Hebreu, véspera da Páscoa dos judeus.

NOAA–National Oceanic and Atmospheric Administration- National Centers for Environmental Information apresenta as seguintes referencias ao terremoto do ano 33 na região de Jerusalém, latitude 31.800 longitude 35.200. [105]

---

[104] Mt 27,45-51
[105] http://www.ngdc.noaa.gov/nndc/struts/form?t=101650&s=1&d=1

1853 - Mallet, Robert - Catalogue of Recorded Earthquakes from 1606 B.C. to A.D. 1850, Part I, 1606 B.C. to 1755 A.D. Report of the 22nd Meeting of the British Association for the Advancement of Science held at Hull, Sept., 1853, John Murray, London, p. 1-176.

1911 - Milne, John - Catalogue of Destructive Earthquakes [7 to 1899 A.D.], Report of the 81st Meeting of the British Association for the Advancement of Science, Portsmouth, London, United Kingdom, p. 649-740.

1985 - Alsinawi, S.A., S.G. Baban, and A.S. Issa - Historical seismicity of the Arab region. IASPEI/UNESCO Working Group on Historical Seismograms and Earthquakes, August 27-28, 1985, Tokyo; Preliminary Proceedings, p. 59-84.

1928 - Willis, Bailey - Earthquakes in the Holy Land, Bulletin of the Seismological Society of America, vol. 18, no. 2, p. 74-103.

1994 - Amiran, D.H.K., E. Arieh, T. Turcotte - Earthquakes in Israel and adjacent areas: macroseismic observations since 100 B.C.E. Isr. Explor. J., vol. 44, p. 260–305.

A revista "International Geology Review"[106], publica pesquisa de geólogos que concluiram que Jesus Cristo foi crucificado na sexta-feira, 3 de abril do ano 33 DC (calendário Juliano). Os geólogos estudaram a atividade sismológica na região do Mar Morto, a 20 quilômetros de Jerusalém, liderados pelo pesquisador Jefferson Williams, da Supersonic Geophysical. Estudaram amostras do solo de Ein Gedi Spa, registros geológicos e dados astronômicos.

---

[106] Jefferson B. Williams, Markus J. Schwab & A. Brauer (2012) An early first-century earthquake in the Dead Sea, International Geology Review, 54:10, 1219-1228, DOI: 10.1080/00206814.2011.639996

As datas da Páscoa dos cristãos

A festa da Páscoa da ressurreição de Cristo é celebrada no domingo após a primeira lua cheia seguinte ao equinócio de março, que é por volta do dia 20 de março. Se esta lua cheia ocorrer em um domingo então a Páscoa será no domingo seguinte.

Então o domingo da páscoa da ressurreição, dependendo do ano, pode cair entre 22 de março e 25 de abril.

No site http://www.truebiblecode.com/BLCTable.html vemos que no ano 33 o equinócio de março foi no dia 20 do calendário Gregoriano.

No site http://www.paulcarlisle.net/mooncalendar/ temos o calendário Juliano para o ano 33, onde vemos que a primeira lua cheia depois do equinócio de março foi na sexta-feira dia 3 de abril, isto é,1 de abril no calendário Gregoriano e portanto o domingo seguinte foi dia 5 de abril, no calendário Juliano, isto é, domingo 3 de abril no calendário Gregoriano.

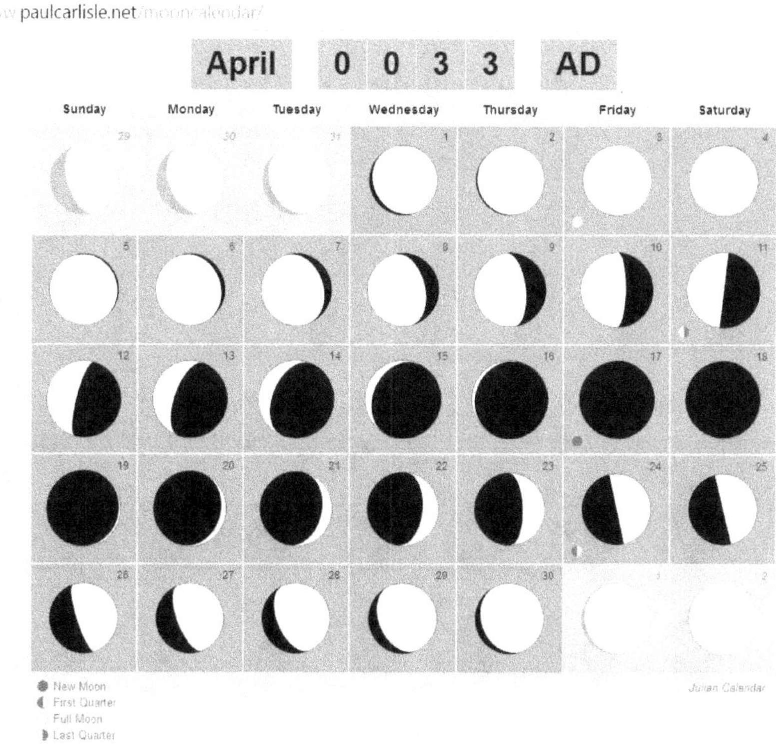

Para o ano de 2020, quando este livro foi publicado, vemos que o equinócio de março foi no dia 20.
No ano 2020, a primeira lua cheia depois do equinócio de março foi no dia 7 de abril e o seguinte domingo dia 12 de abril, no calendário Gregoriano.

www.paulcarlisle.net/mooncalendar/
April 2 0 2 0 AD 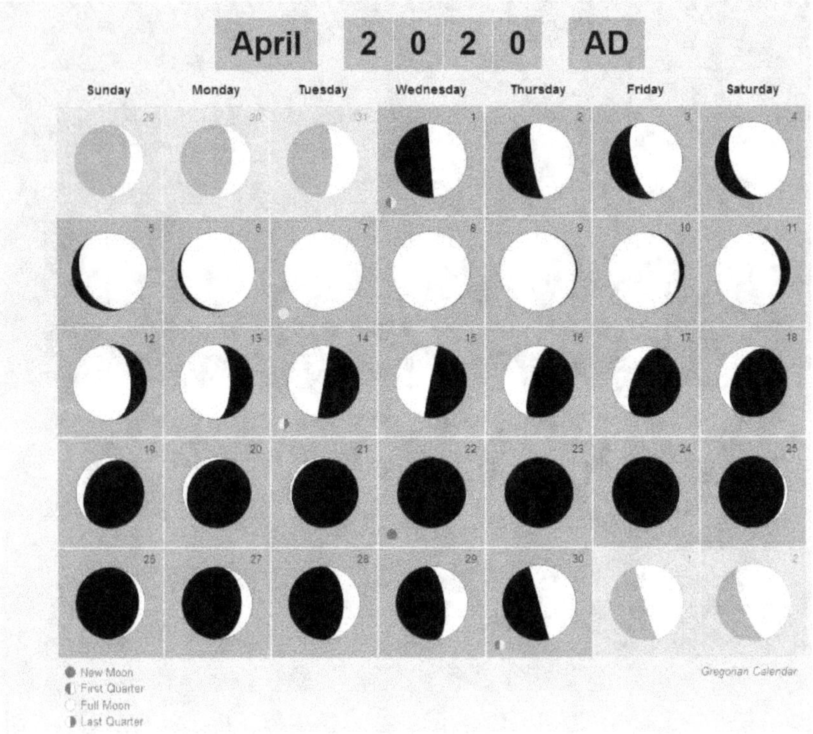
Sunday Monday Tuesday Wednesday Thursday Friday Saturday
New Moon
First Quarter
Full Moon
Last Quarter
Gregorian Calendar

No ano 2021, a primeira lua cheia depois do equinócio de março foi no dia 28 de março e o seguinte domingo dia 4 de abril.

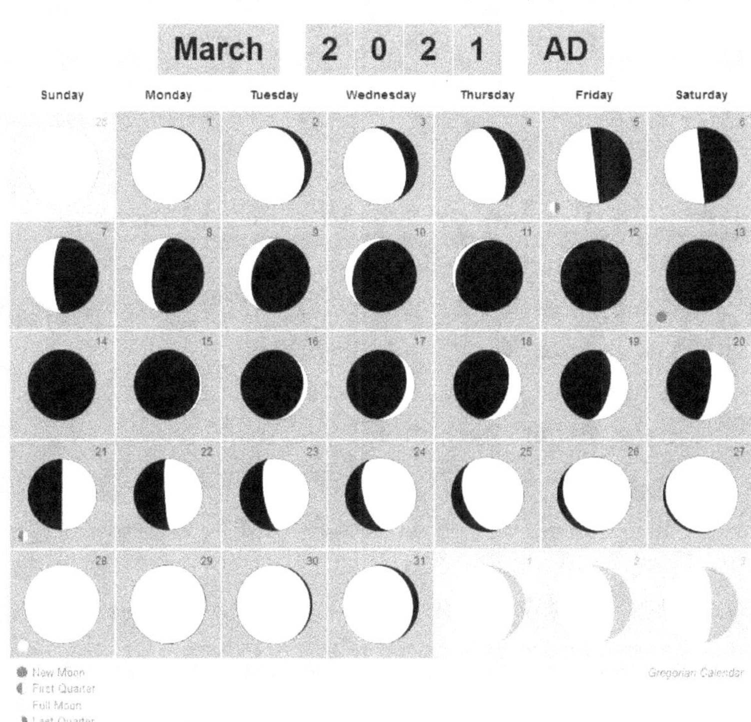

As tradições milenares

Os cristãos celebram anualmente, no dia 25 de dezembro, o Natal do Cristo Redentor e, durante a semana santa, o auge da celebração é o domingo da Páscoa da Ressurreição.

Vemos que a tradição milenar de celebração da Semana Santa segue os registros dos Evangelhos e é fiel à cronologia. Cristo morreu na sexta-feira véspera da Páscoa dos judeus e ressuscitou ao terceiro dia, o domingo, o primeiro dia da semana.

A tradição diz que Cristo tinha 33 anos quando morreu e ressurgiu dos mortos.

A Páscoa da Ressurreição é a maior festa da cristandade. Se o Natal é a festa da encarnação do Divino Filho, a Páscoa da Ressurreição é a festa da graça que Cristo conquistou para toda a humanidade, a passagem da morte para a vida eterna.

A descrença de Tomé – pintura de James Tissot

O apóstolo Tomé teve que tocar em Cristo ressurreto para crer, e então, exclamou: 'Meu Senhor e Meu Deus!' [107]

---

[107] João 20,27-28

As pessoas contemporâneas a Jesus Cristo que viram e testemunharam sua morte e sua ressurreição espalharam a boa notícia de que Cristo está vivo e reina. Notícia que foi transmita de geração em geração até os dias de hoje.

Jesus afirmou que, embora as pessoas de hoje não o tenham visto, como seus contemporâneos o fizeram, nós acreditamos em sua morte e ressurreição, o que nos torna ainda mais abençoados.[108]

A fé cristã é que, graças à ressurreição de Cristo, a raça humana foi transformada e a partir de então, depois da morte, nossos corpos serão transformados em imortais. Todas pessoas ressurgirão da morte de forma integral, isto é, de corpo imortal e alma imortal.

---

[108] João 20,29

A data da Ressurreição: domingo, 3 de abril de 33

Jesus Cristo, o Deus encarnado, além de reabrir as portas da eternidade para a humanidade, também nos deixou muitos ensinamentos.

Na encíclica 'Caritas in veritate' o Papa Bento XVI afirma:

"A caridade supera a justiça, porque amar é dar, oferecer ao outro do que é « meu »; mas nunca existe sem a justiça, que induz a dar ao outro o que é « dele », o que lhe pertence em razão do seu ser e do seu agir. Não posso « dar » ao outro do que é meu, sem antes lhe ter dado aquilo que lhe compete por justiça. Quem ama os outros com caridade é, antes de mais nada, justo para com eles."

Na encíclica 'Fratelli tutti' o Papa Francisco nos convida, a todos, a sermos altruístas de justiça e de caridade em favor das pessoas próximas e distantes.

O dicionário ensina que o adjetivo Altruísta é atribuído a quem não é egoísta; que busca ajudar o próximo, não colocando seus interesses em primeiro lugar, em detrimento dos demais. Que contém ou expressa altruísmo, dedicação desinteressada, filantropia. Que se dedica desinteressadamente; que não espera nada em troca.

A data da Ressurreição: domingo, 3 de abril de 33

O substantivo Altruísta é quem demonstra altruísmo; quem não age por interesse; filantropo.

Sobre o autor

 Décio Martins de Medeiros.
Engenheiro de Eletrônica formado pelo ITA em 1975.
Engenheiro da NEC de 1976 a 1977.
Executivo da HP/Agilent de 1977 a 2009.
Consultor de gestão empresarial de 2009 a 2020.
Publicou livros de poesias, teologia, gestão, vendas, genealogia e memórias pelo Agbook, Amazon e Bibliomundi.
Participa do blog Prazer Compartilhar e do Clube de Autores.